I0111731

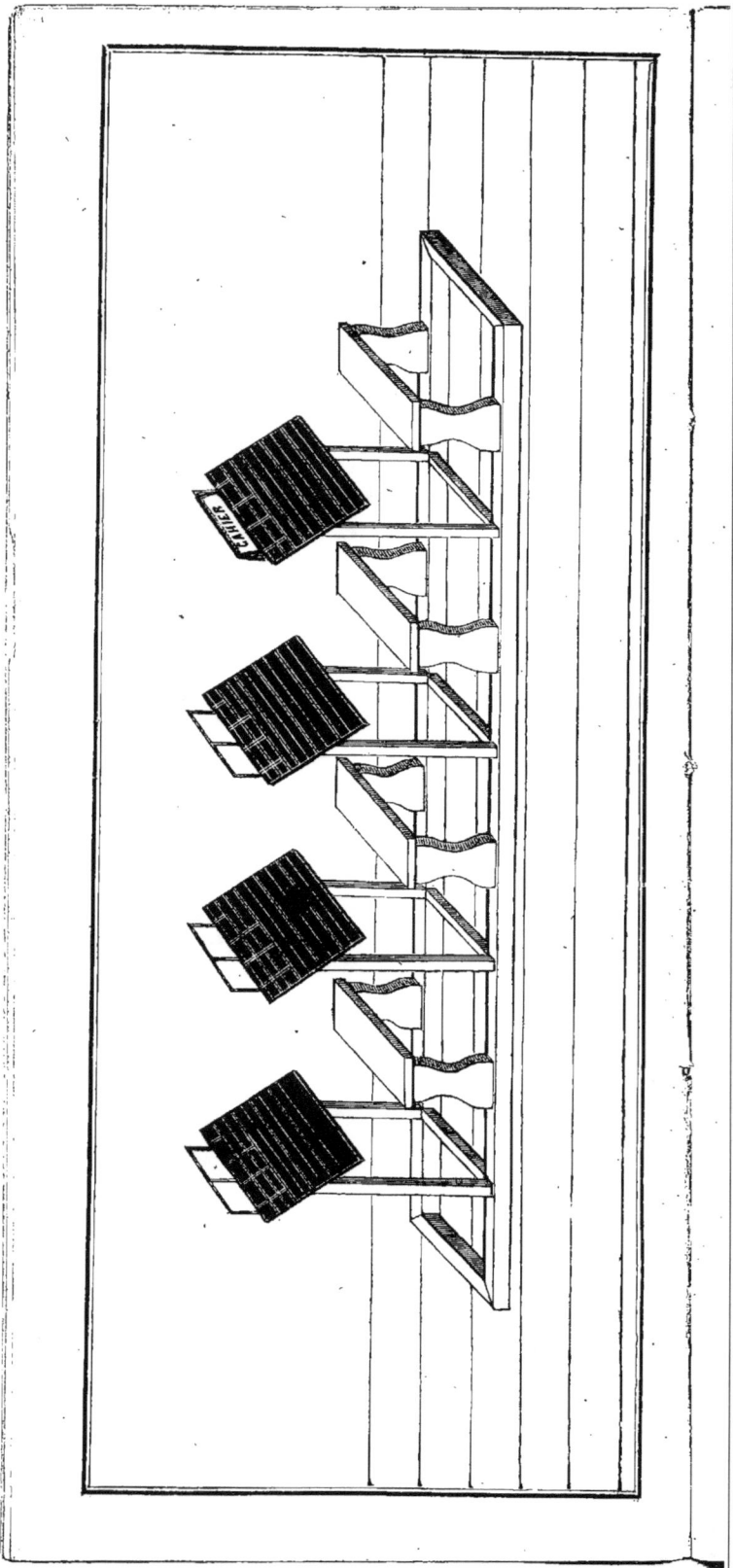

EXPLICATIONS.

Voici le plan des bancs à tablettes dont j'ai fait connaître l'usage dans le petit tableau de calcul.

On pourra si l'on veut se dispenser de faire faire ces bancs et obtenir les mêmes résultats, en engageant les élèves à se procurer des tablettes semblables à celles dont j'ai déjà parlé. On pourra s'en servir à volonté, soit en les plaçant sur les tables d'écriture, soit même en les appuyant sur les genoux.

Les élèves ayant le même calcul et étant placés en demi-cercle, le premier élève du groupe fera les quatre règles de la manière suivante : 2 et 1 et 2 ; je pose 5, dira l'élève sans poser le chiffre.

$$\begin{array}{c} 3 \\ 5 \\ \hline 5 ; \end{array}$$

De 5 ôtez 3, reste 2 ; je pose 2, dira toujours l'élève sans poser le 2.

2 fois 3, 6 ; je pose 6, dira l'élève sans le poser.

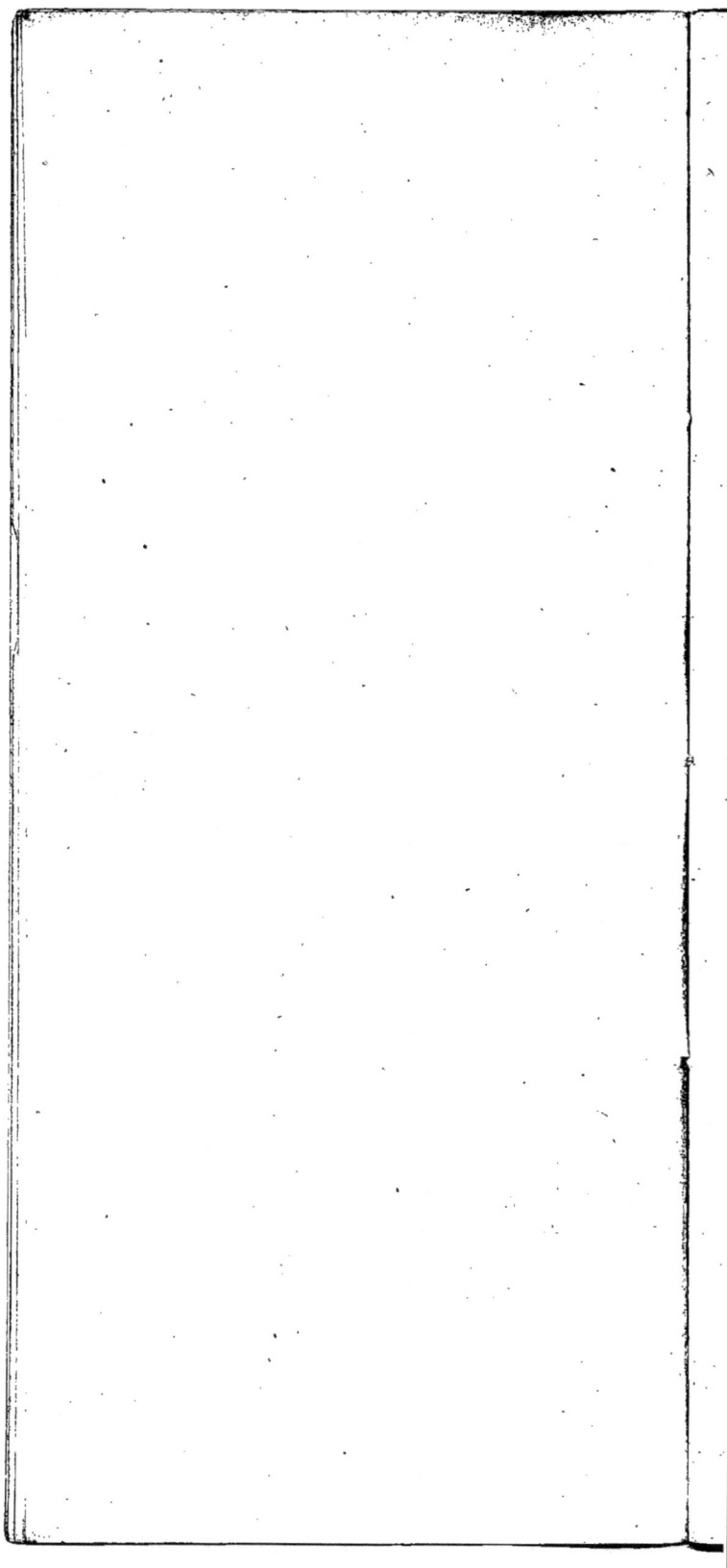

En 9 combien de fois 3? 3 fois; je pose 3; 3 fois 3, 9; je pose 9 et je passe une raie; de 9 ôtez 9 reste 0.

Les autres élèves suivront à voix basse, en attendant que leur tour arrive pour faire les quatre règles à haute voix.

On pourra sans difficulté faire sur les tablettes ce calcul ainsi préparé.

J'ai donné la décomposition des chiffres jusqu'à 20, nombre qui forme 2 dizaines, pour faire comprendre à l'élève qu'il n'a qu'à voir combien de dizaines contient le nombre qu'il doit chercher. Ensuite il comptera les unités qu'il a de plus pour voir si elles forment une partie ou non du nombre dont il est question.

EXEMPLE : — Puisque 20 contient 2 dizaines ou 4 fois 5, combien y a-t-il de dizaines et d'unités en plus dans 2 fois 9 ? — Puisque 30 contient 3 dizaines ou 6 fois 5, combien y a-t-il de dizaines et d'unités en plus dans 3 fois 9 ? — Puisque 40 contient 4 dizaines ou 8 fois 5, combien y a-t-il de dizaines et d'unités en plus dans 4 fois 9 ?

L'élève devant tout voir par lui-même, doit se faire ces questions pour arriver facilement au résultat qu'il se propose.

Enfin, les petits tableaux et les cahiers dont il est question contiennent le principe du calcul, et la préparation des tablettes donne la faculté d'exécution soit pour le calcul, soit pour d'autres devoirs.

Les enfants sont naturellement distraits ou insouciants ; or, la décomposition des chiffres, ignorée jusqu'ici, provoque leur attention, tient leur esprit en éveil et donne un rapide développement à leur intelligence.

De la craie et une lisière roulée et cousue sont les deux objets nécessaires à l'exécution.

9765 | 2525 | 945
3423 | 2 | 5

1212
2121
1212
2121

1. 2. 3: 4: 5: 6: 7: 8: 9: 10:

8765	3434	8542
4324	2	

2323 3532 2323
3332 3532
2323

1. 2: 3: :4: :5: :6: :7: :8: :9: :10:

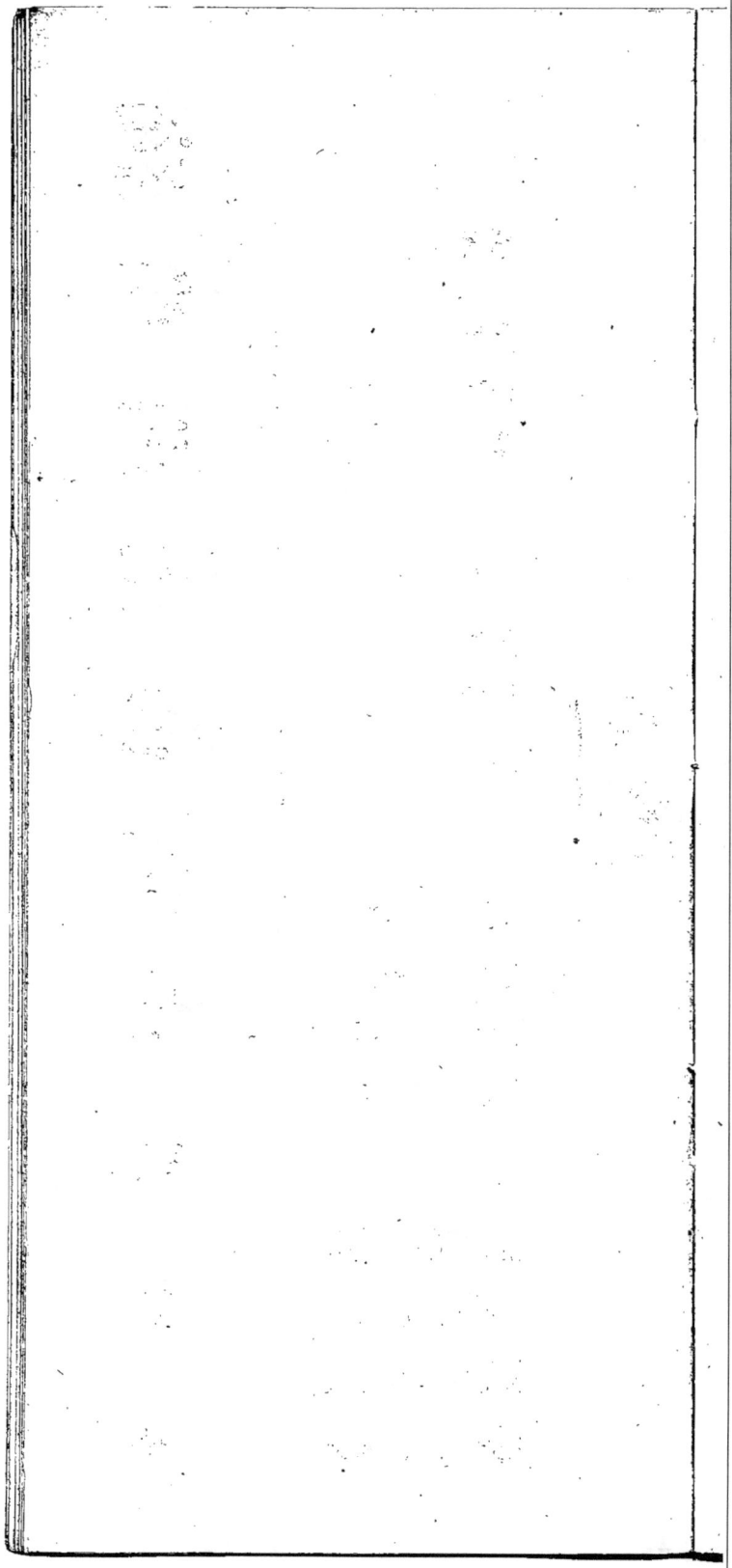

N° 3

5434	7654	4552
4545	6451	3
5454		765 | 3

1. 2. 3. 4. 5. 6. 7. 8. 9. 10.

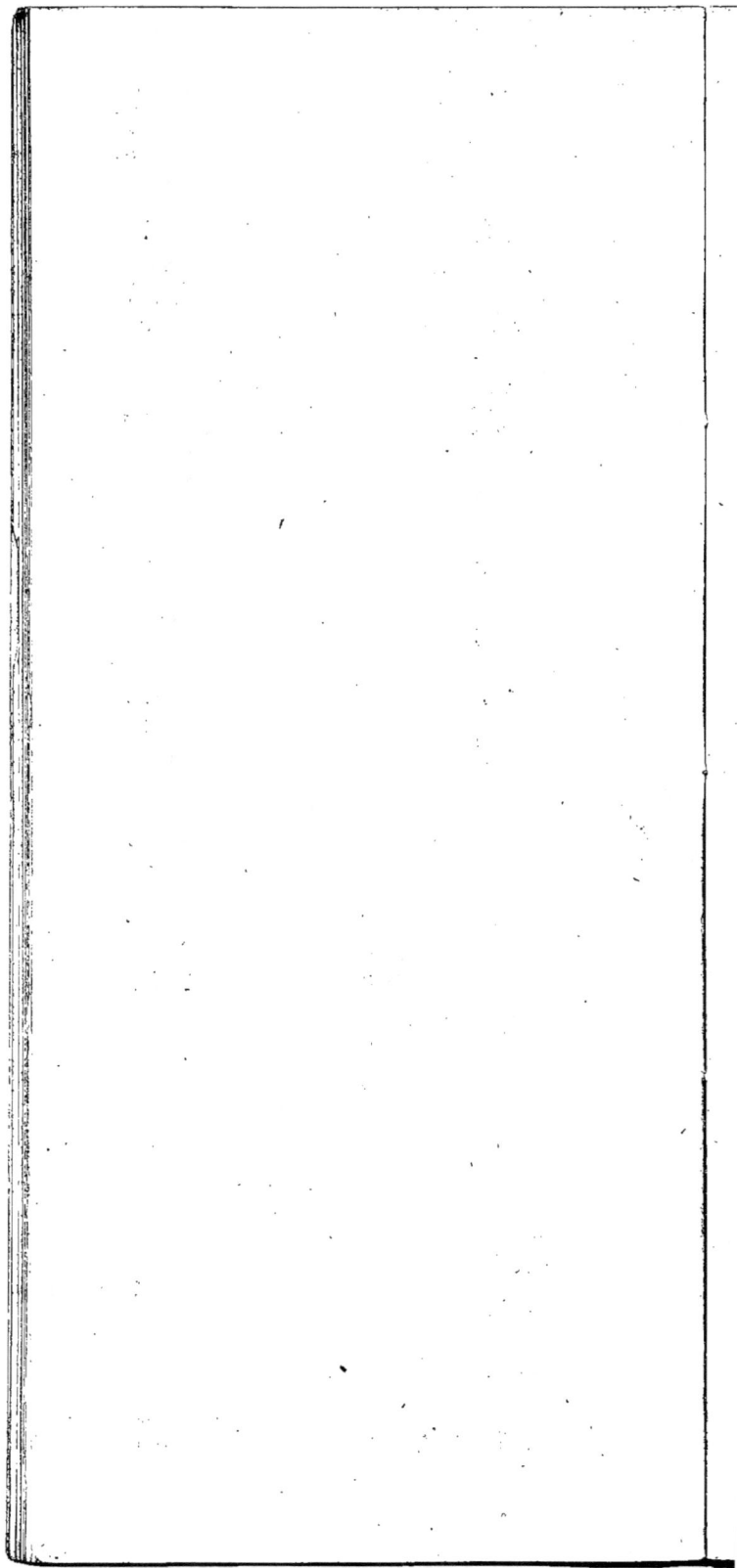

N° 4

	6547	5432	6544
4545	1225	4	
5454			
4545			

1. 2∶ 3∶ 4∶ 5∶ 6∶ 7∶ 8∶ 9∶ 10∶

N° 5

5656	5464	2555	7464
6565	4252	4	4
4554			

1. 2: 3:: :4: :5: :6: :7: :8: :9: :10:

6767	6764	876 / 5
7676	4232	7675
8743		5

1. 2: 3: :4: :5: :6: :7: :8: :9: :10:

7878	
8787	
7858	

6754	7654	868	4
4893	5		

1. 2: 3: :4: .:5: :6: .:7: ::8: :9: :10:

N° 8

8976	7867	9753
9787	6976	6754
7678		6

1. 2: 3: :4: :5: :6: :7: :8: :9: :10:

N.° 9

$$\begin{array}{c|c|c}
9786 & 7956 & 6879 \\
6897 & 4687 & 6 \\
7678 & & 726\;|\;6
\end{array}$$

1. 2: 3: :4: :5: :6: :7: :8: :9: :10:

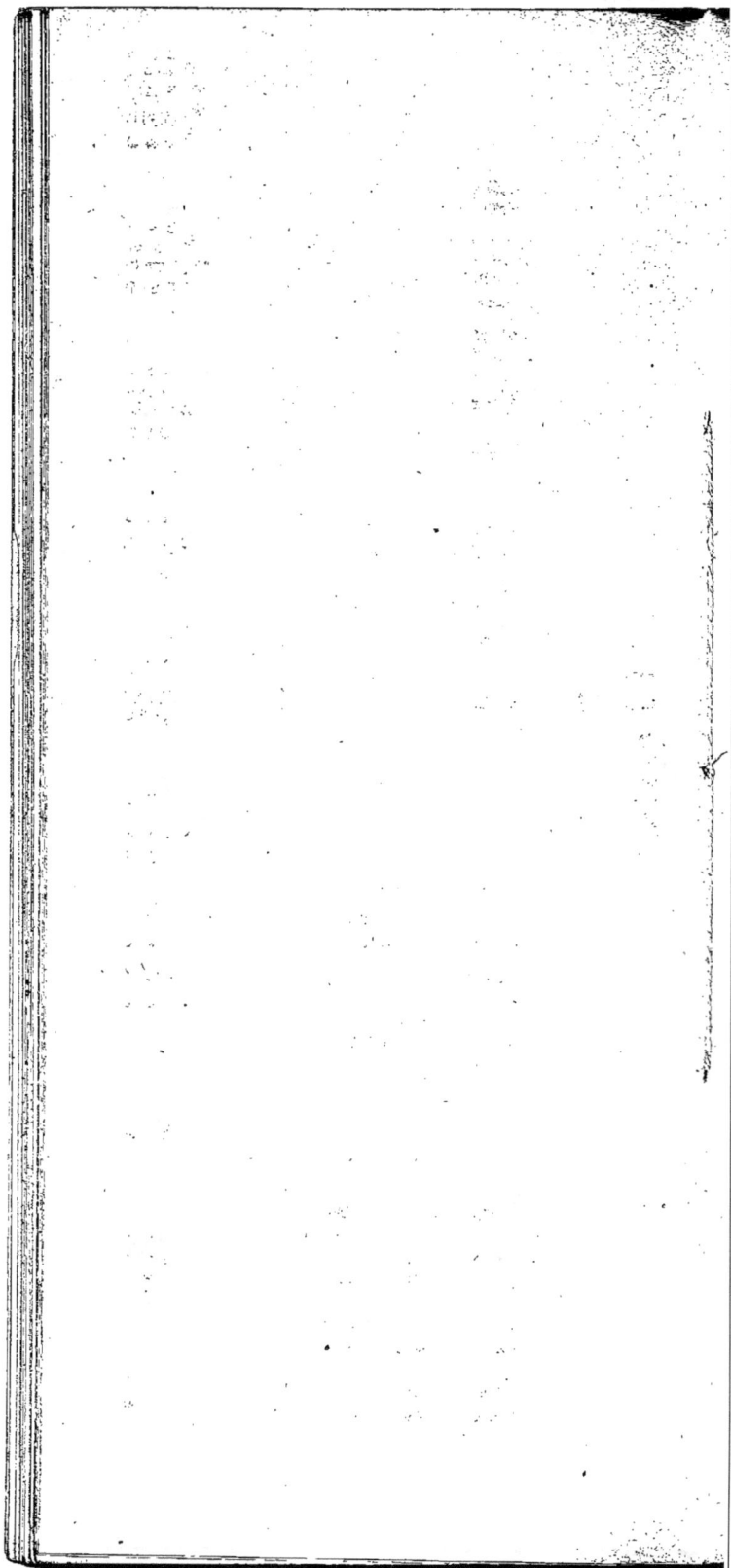

N° 10

6785	5687	8796	2352
5867	3798	6	8
4978			

1. 2: 3: :4: :5: :6: :7: :8: :9: :10:

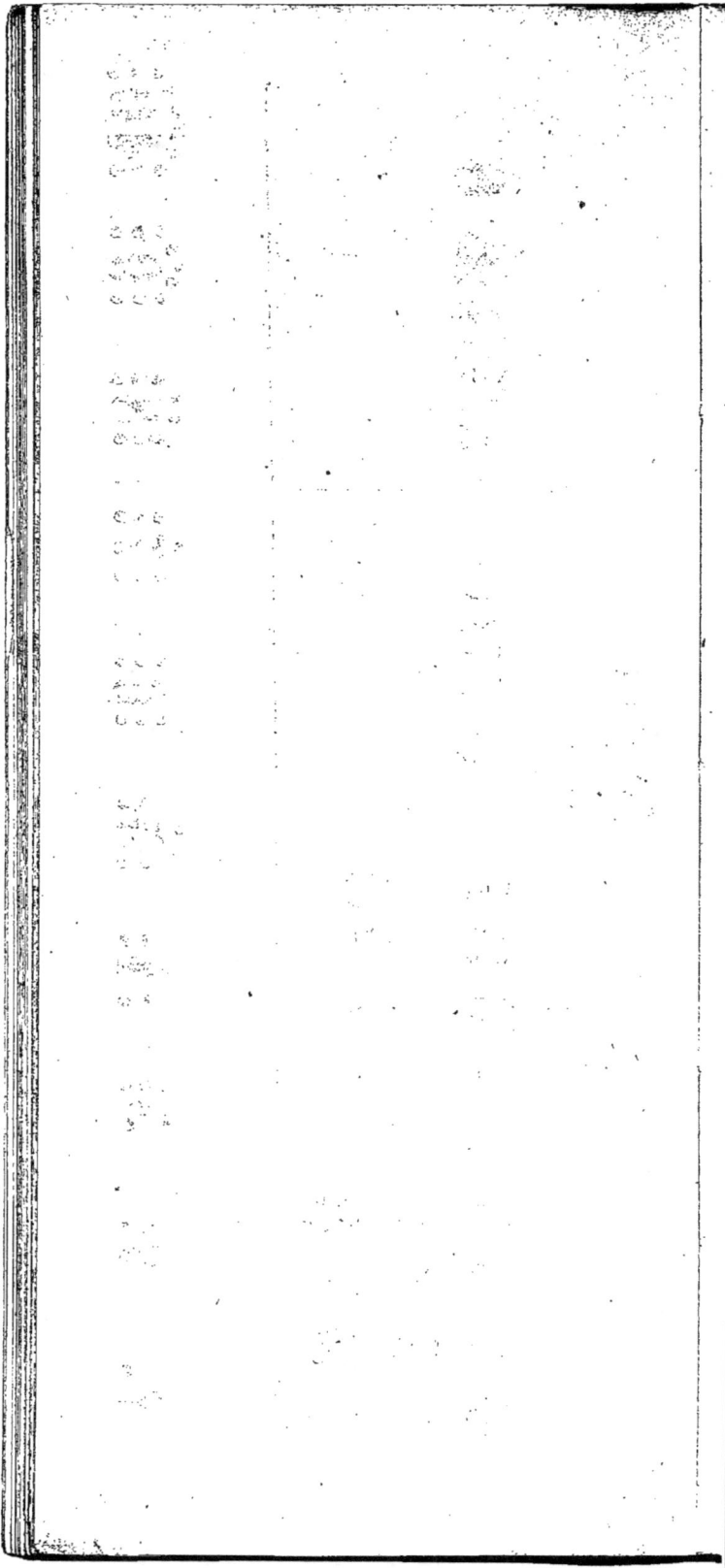

5647	6749	8956	2736	9
6758	4635	7	
5489			

1. 2: 3: 4: 5: 6: 7: 8: 9: 10:

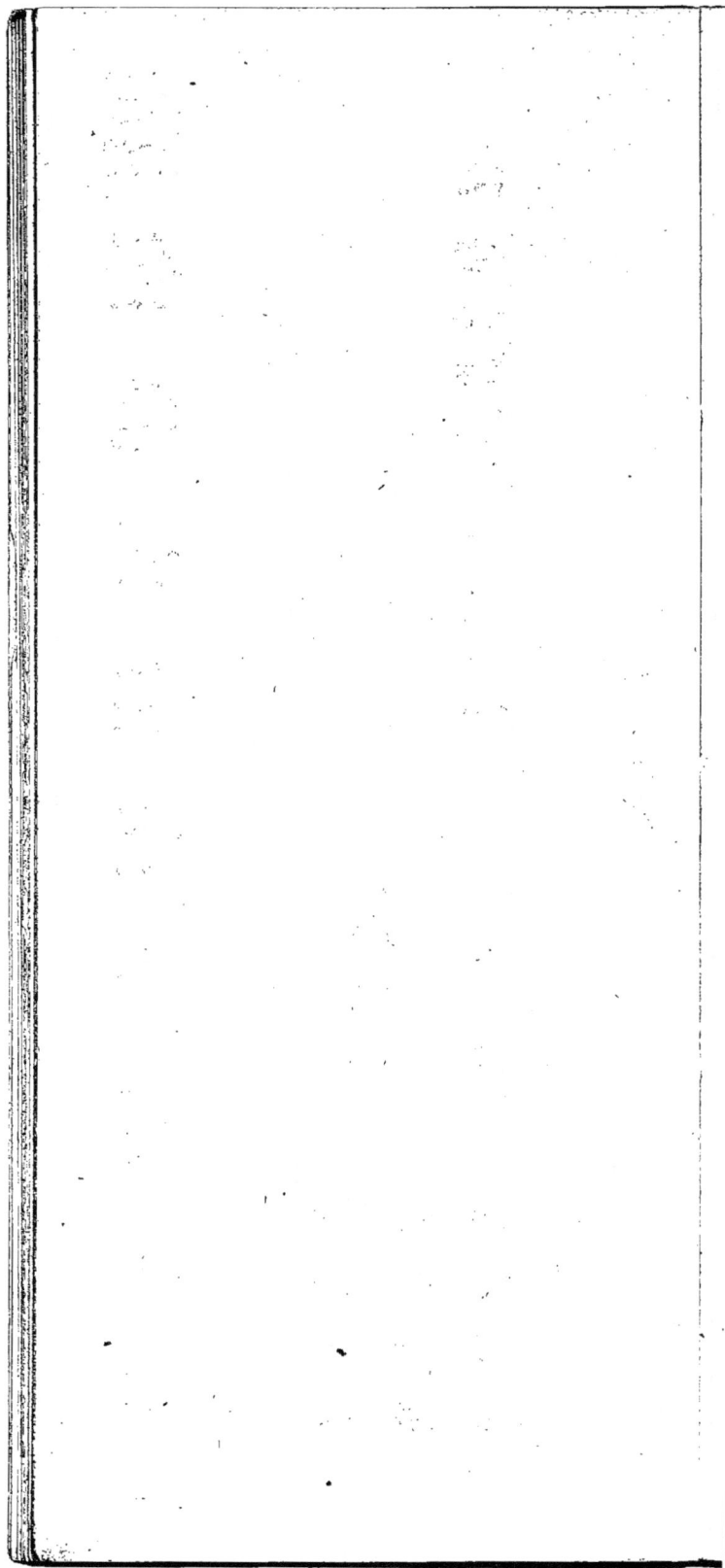

5374	6785	7564	4354 7
9867	4697	5	
7658			

1.　2:　3:　:4:　:5:　:6:　:7:　:8:　:9:　:10:

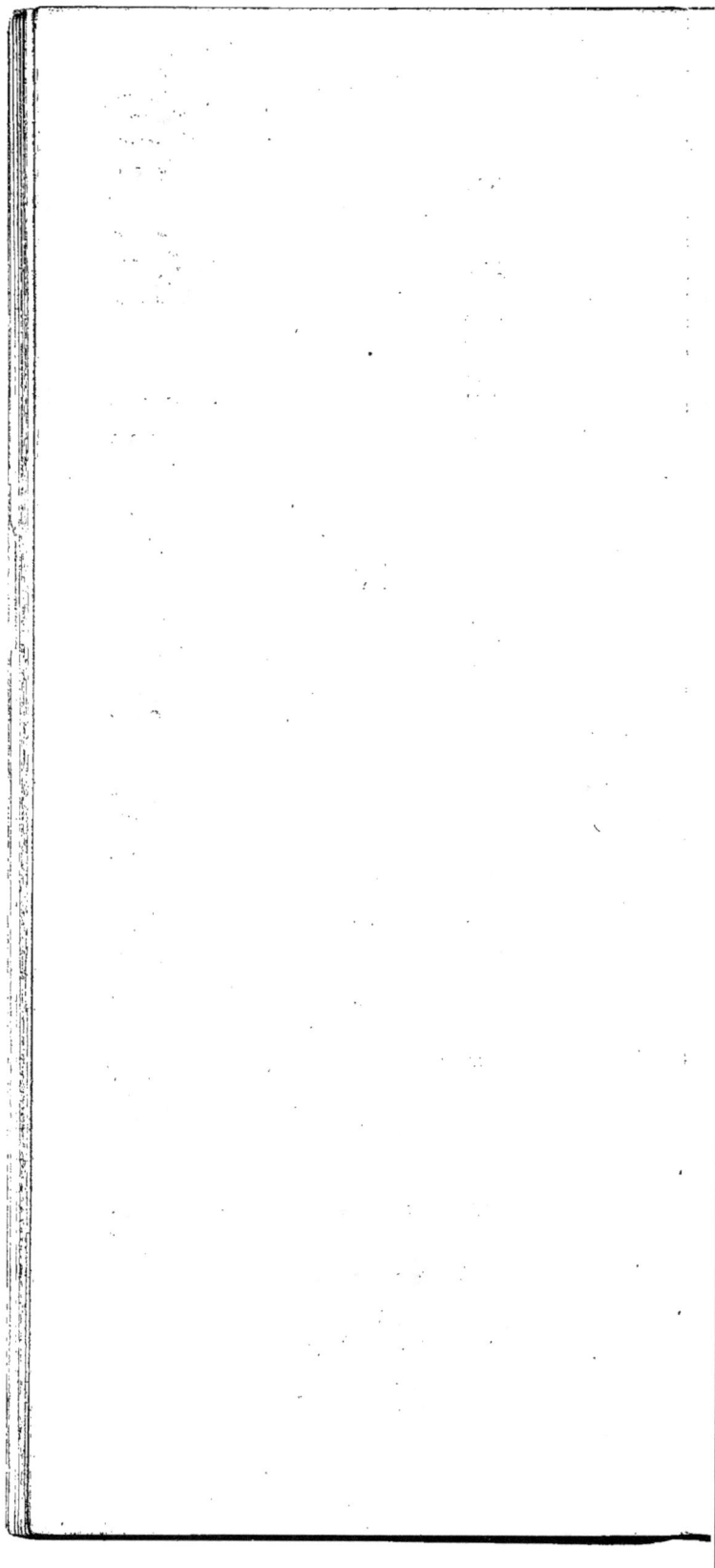

8679   7834 | 5689 | 5436 | 9

5754   4967 | .   6

4987

1.   2:   3:   :4:   :5:   :6:   :7:   :8:   :9:   :10:

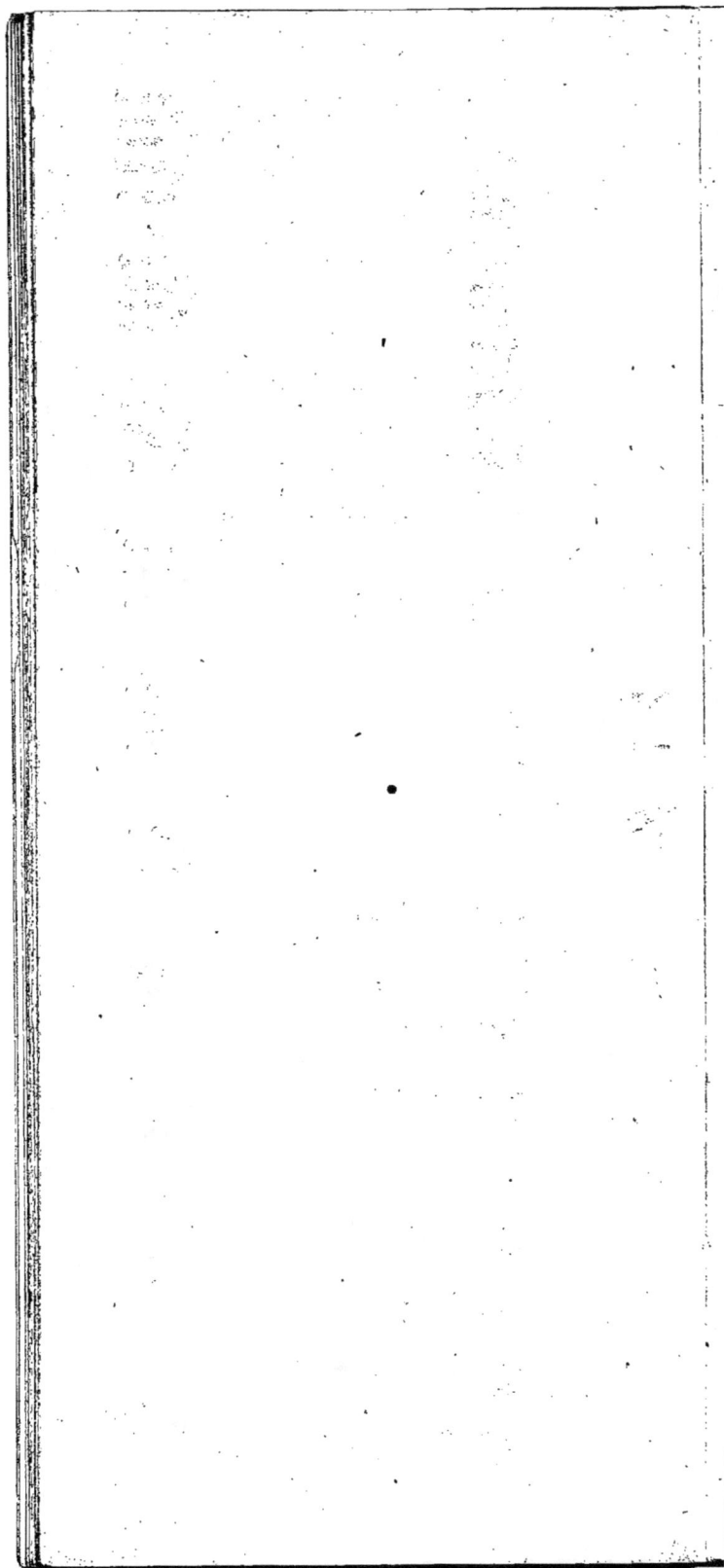

Nº 14

7896	8743	8973
8987	4865	373923
9765		7

1. 2: 3: :4: :5: :6: :7: :8: :9: :10:

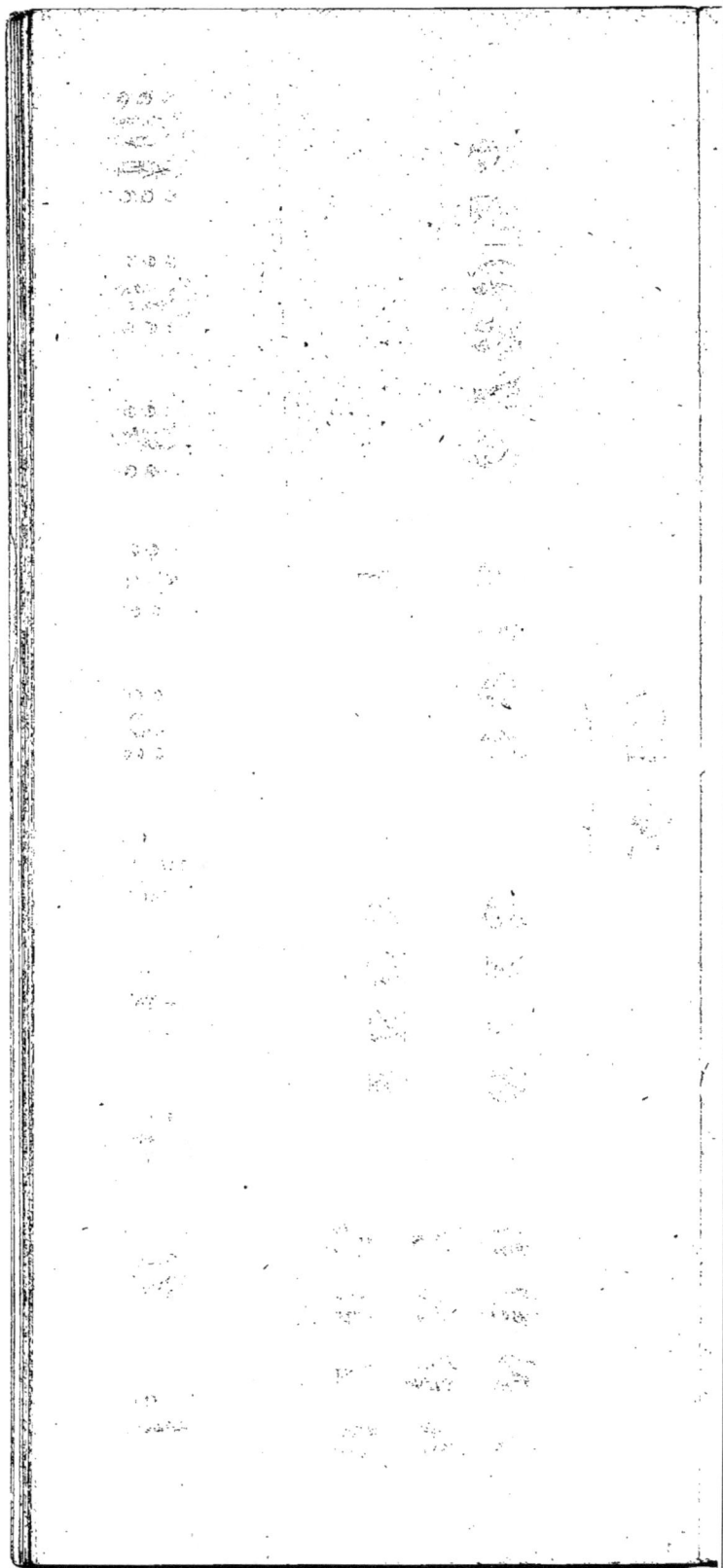

			36
			45
			56

7834   9876   7856
4765   5967   7
5487

1. 2: 3: :4: :5: :6: :7: :8: :9: :10:

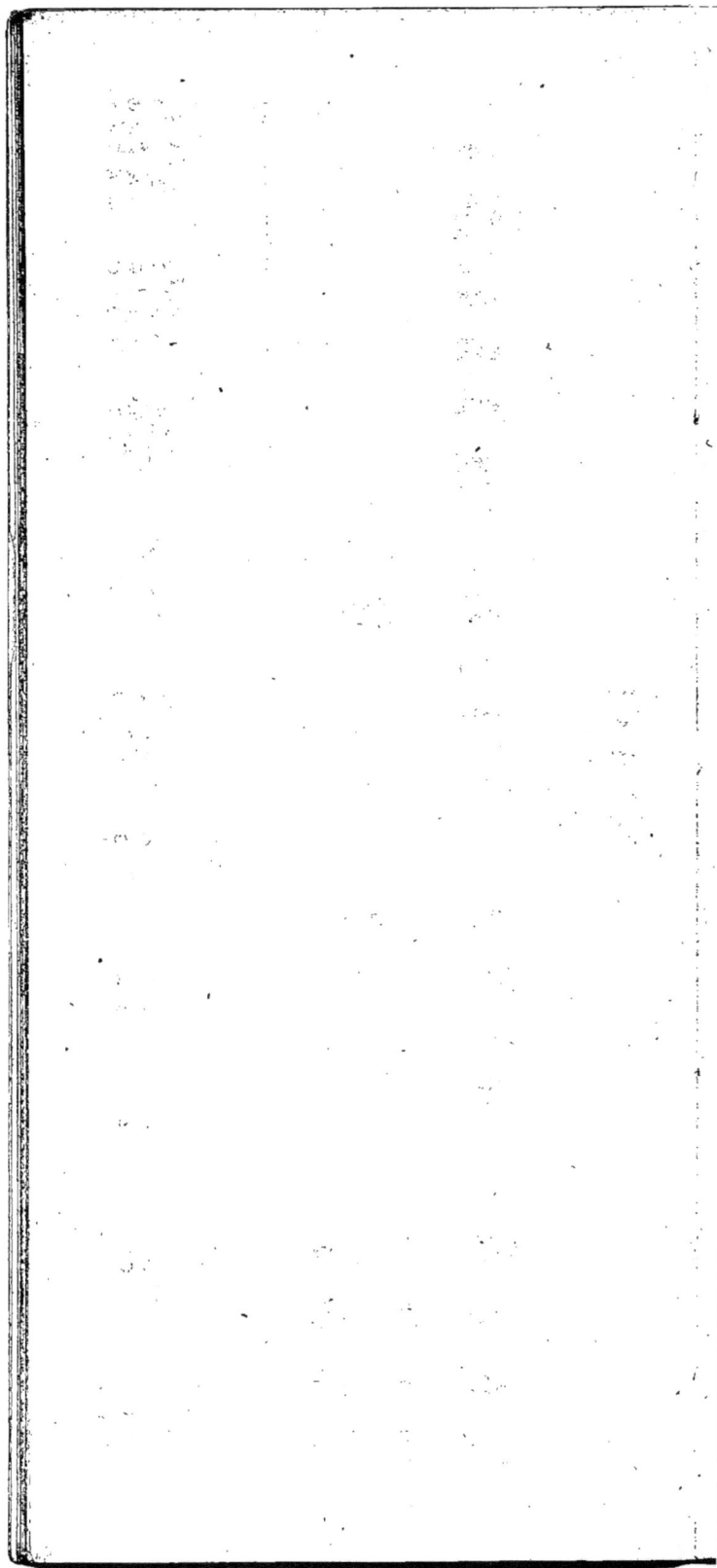

		4534
6674	3456	4536
3785	8	
4367		
7654		
8438		

1. 2: 3: :4: :5: :6: :7: :8: :9: :10:

No 17

8976	7434	7896	6456	37
9787	4895	8	9	
7654				

1. :: 2. ::: 3. :: 4. ::: 5. ::: 6. ::: 7. ::: 8. ::: 9. ::: 10. ::::

$$9843 \qquad 6743 \qquad 9876 \qquad 7564 \,|\, 42$$

$$7654 \qquad 3987 \qquad\qquad 9$$

$$8987$$

1. 2: 3: 4: 5: 6: 7: 8: 9: 10:

15   20

14   19

13   18

12   17

11   16